Francis Poulenc

Trois mélodies du Bestiaire

pour voix et piano

Chester Music

Guillaume Apollinaire (1880–1918) est l'un des deux poètes les plus mis en musique par Francis Poulenc (1899–1963). La première œuvre qu'il inspira au jeune compositeur âgé de vingt ans au printemps 1919, alors soldat, fut *Le Bestiaire*. L'ordre original des douze mélodies du *Bestiaire* de Poulenc, composé pour voix et ensemble instrumental (quatuor à cordes, flûte, clarinette & basson), mais conçu au piano, était :

La Tortue, La Chèvre du Thibet, Le Serpent, Le Dromadaire, La Sauterelle, La Mouche, L'Écrevisse, La Carpe, La Puce, Le Dauphin, La Colombe, Le Bœuf.

Du vivant de Poulenc seules six mélodies ont été publiées, dans un recueil dont l'ordre est :

Le Dromadaire, La Chèvre du Thibet, La Sauterelle, Le Dauphin, L'Écrevisse, La Carpe.

Ce sont, semble-t-il, Georges Auric (1899–1983) et Raymonde Linossier (1897–1930), amis intimes du compositeur, qui lui ont conseillé, à l'issue de la création publique de l'œuvre, de n'en conserver que six. Il est vrai que Louis Durey (1888–1979), lui aussi membre du Groupe des Six, avait au même moment mis en musique pour voix et piano la totalité des vingt-six quatrains animaliers du recueil d'Apollinaire (ne laissant de côté que les quatre quatrains où apparait Orphée). Poulenc lui dédia en conséquence le recueil des six mélodies de « son » *Bestiaire*. Il composera, en 1956, une mélodie sur un autre extrait du *Bestiaire* d'Apollinaire, *La Souris*.

Des douze mélodies de départ, trois n'ont pu être retrouvées : *La Tortue, La Mouche, Le Bœuf*.

Deux des trois mélodies ici présentées, *Le Serpent* et *La Colombe*, ont reparu, sous forme de manuscrits signés et datés de 1944, lors d'une vente aux enchères à Paris, le 8 avril 1992. Provenant de la bibliothèque d'un certain Lambert (dont nous ne savons rien d'autre que ce que dit Poulenc dans la dédicace, le nommant « mon ami de popote des halles »), à qui ils ont été dédicacés, ils furent acquis par la Bibliothèque nationale de France. *La Puce* a par ailleurs été publiée en facsimile du manuscrit dans un livre d'hommage à Raoul Dufy (1877–1953) paru en 1965 après la mort de Poulenc : *Lettres à mon peintre, Raoul Dufy*, dû à Marcelle Oury (1894–1980). Le livre, tiré à 6000 exemplaires, comprend des reproductions d'œuvres du peintre et de nombreux hommages d'artistes qui étaient ses amis, dont trois de compositeurs : Darius Milhaud (une lettre), Igor Stravinsky (une courte pièce pour piano) et Francis Poulenc, avec cette mélodie posthume dont on ignore qui l'a transmise à Marcelle Oury. Raoul Dufy avait collaboré à la publication en 1911, puis à la deuxième édition en 1918 (après la mort du poète) du livre d'Apollinaire, illustrant chaque quatrain. Si le texte de la mélodie correspond à un des titres du *Bestiaire* original de Poulenc, la date indiquée en bas du manuscrit (9 novembre 1960) et le style d'écriture musicale, sont bien différents de celui du jeune Poulenc de 1919. *La Puce* originale dort peut-être encore dans un fonds privé !

François Le Roux
(Directeur artistique, Académie Francis Poulenc)

Guillaume Apollinaire (1880–1918) is one of the two poets who inspired the most Francis Poulenc (1899–1963). The first opus of the young composer on verses by the great poet was *Le Bestiaire*. Poulenc, then a soldier of twenty years old, conceived it in the spring 1919. It comprised twelve songs in the following order:

La Tortue (The Tortoise), La Chèvre du Thibet (The Thibetan Goat), Le Serpent (The Snake), Le Dromadaire (The Dromedar), La Sauterelle (The Grasshopper), La Mouche (The Fly), L'Écrevisse (The Crayfish), La Carpe (The Carp), La Puce (The Flee), Le Dauphin (The Dolphin), La Colombe (The Dove), Le Bœuf (The Ox).

During Poulenc's lifetime, only six of these were published, as a song cycle:

Le Dromadaire, La Chèvre du Thibet, La Sauterelle, Le Dauphin, L'Écrevisse, La Carpe.

It seems that it is on the advice of the composer's friends Georges Auric (1899–1983) and Raymonde Linossier (1897–1930), after the first public performance of the work, that the composer kept only six songs. Another reason could be that Poulenc discovered at the same event that his fellow member of the *Groupe des Six*, Louis Durey (1888–1979), had set all 26 animal poems of Apollinaire's book, leaving out only the 4 quatrains mentioning Orpheus. In a magnanimous gesture, Poulenc dedicated his six songs cycle to Durey. Later, in 1956, Poulenc composed another song on one other quatrain from Apollinaire's book, *La Souris (The Mouse)*.

From the original twelve, three have not yet been found nor located: *La Tortue, La Mouche, Le Bœuf.*

Two of the songs here presented, *Le Serpent* and *La Colombe* reappeared in manuscript form at a Parisian auction, on April 8, 1992. Signed and dated, they both were dedicated to a certain Lambert, of whom we do not know anything but what Poulenc wrote in his dedication: Lambert was an acquaintance from a cooking place ("popote") in the area of Les Halles in Paris… These manuscripts were acquired by the French national Library.

As for *La Puce*, it was published in 1965, after the death of the composer, in a book of homage to the painter Raoul Dufy (1877–1953) entitled *Lettres à mon peintre, Raoul Dufy*, conceived by Marcelle Oury (1894–1980). The book, issued in only 6000 copies, contained reproductions of Dufy's paintings, and many contributions by the painter's friends. Among them, there were three composers: Darius Milhaud (with a letter), Stravinsky (with a short piano piece), and Poulenc with the posthumous *La Puce*. Nobody knows who transmitted it to Marcelle Oury. Raoul Dufy had illustrated the original Apollinaire Bestiaire in 1911, as well as the second edition in 1918 (after Apollinaire's death), with a vignette for every quatrain.

If the text of the song is part of Poulenc's original set of twelve songs, the date indicated at the bottom of the manuscript: November 9, 1960, and its musical style is very different from Poulenc's early manner, and sounds very close to his late operatic works (*Dialogues of Carmelites*, and *Voix humaine*). The original *Flee* is maybe still lying in a private collection, somewhere!

François Le Roux
(Directeur artistique, Académie Francis Poulenc)

Trois mélodies du Bestiaire
Le Serpent

Guillaume Apollinaire

Francis Poulenc

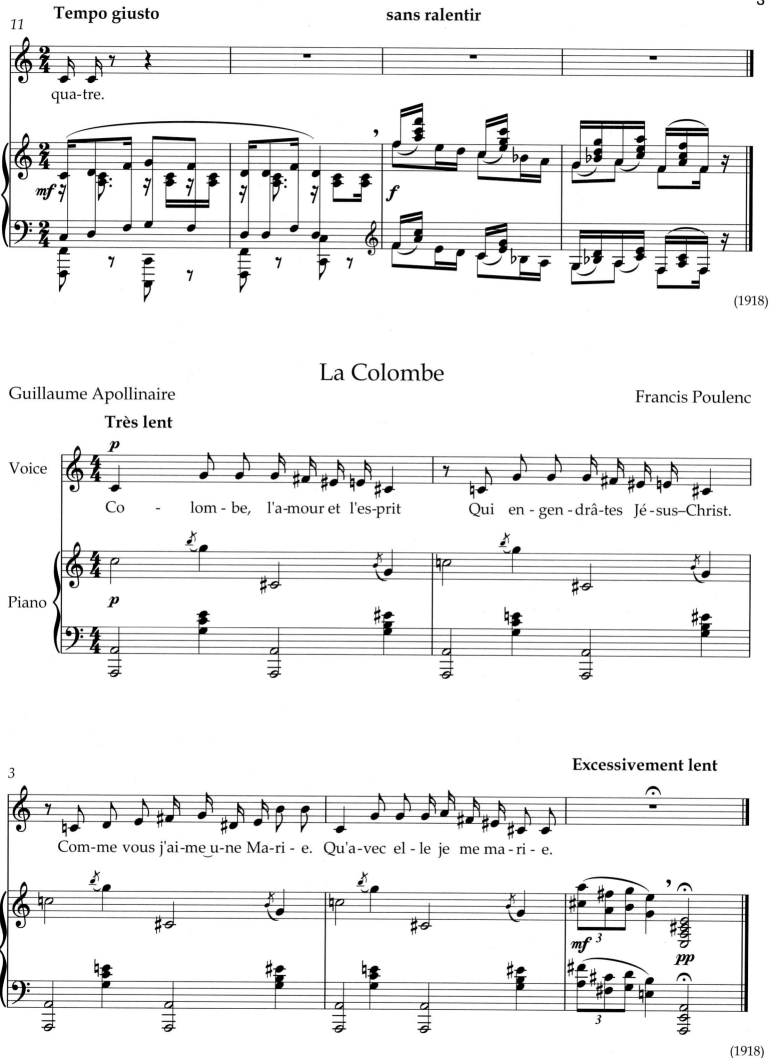

La Colombe

Guillaume Apollinaire

Francis Poulenc

(1918)

4

à la memoire du cher Raoul Dufy

La Puce

Guillaume Apollinaire

Francis Poulenc

Pu - ces, a - mis, a-man-tes mê-me, Qu'ils sont cru els ceux qui nous ai - ment !

Tout no - tre sang cou - le pour eux. Les bien–ai-més sont mal-heu-reux.

(Noizay, 9 Novembre 196

Order No. **CH88187**
EAN 5020679003954

© 2021 Chester Music Ltd

Published by
Chester Music Limited
14-15 Berners Street, London W1T 3LJ
Tel. +44 (0)20 7612 7400

Exclusive Distributors:
Hal Leonard Europe Limited
42 Wigmore Street, London W1U 2RN
Tel. +44 (0)20 7395 0380

www.wisemusicclassical.com
e-mail: promotion@wisemusic.com